Commentaire

Par Marie Heymans

Le Léviathan

Des causes de la génération et de la définition d'une République

Hobbes

lePetitPhilosophe.fr

HOBBES

PHILOSOPHE ANGLAIS FONDATEUR DE LA PENSÉE POLITIQUE MODERNE

- **Né en 1588 à Westport (Angleterre)**
- **Décédé en 1679 à Hardwick Hall**
- **Quelques-unes de ses œuvres :**
  - *De cive* (1642)
  - *Le Léviathan* (1651)
  - *De corpore* (1655)

Fils d'un modeste vicaire, Thomas Hobbes fait ses études dans la ville d'Oxford. À l'âge de 20 ans, il est précepteur de la puissante famille Cavendish et, à la suite de séjours réguliers en Europe, il fait la connaissance des plus grands intellectuels et philosophes de son époque, comme Marin Mersenne (1588-1648) et l'astronome et physicien Galilée (1564-1642).

Alors que des guerres civiles opposant le Parlement et les monarchistes déchirent l'Angleterre, Hobbes s'exile à Paris en 1640, et y reste pendant onze ans. C'est là qu'il rédige et publie le *De cive* (*Du citoyen*, 1642) et son œuvre principale, le *Léviathan* (1651). De retour sur le sol anglais, il se lance dans différentes controverses impliquant les théologiens et les érudits de son temps.

Individualiste radical et mécaniste inflexible, il se pas-sionnera pour la physique et s'efforcera d'appliquer aux hommes, artisans et sujets de la société, les grands préceptes qui dominent le monde matériel. À l'origine de la théorie de l'absolutisme et précurseur de l'État de droit, Hobbes réalisera la séparation entre la philosophie anglaise et la scolastique. Enfin, notons que sa pensée rationaliste, matérialiste et anticléricale inspirera les Lumières, et plus particulièrement Diderot (1713-1784), d'Holbach (1723-1789) et Voltaire (1694-1778).

LE LÉVIATHAN

AUX FONDEMENTS DE LA POLITIQUE MODERNE

La guerre civile qui a bouleversé les structures politiques et sociales anglaises a conforté Hobbes dans l'idée que seule la philosophie peut renouveler le savoir politique. En effet, selon lui, il n'appartient qu'à la philosophie d'informer les individus de l'importance de l'État et de son organisation intérieure, de façon à empêcher toute mésentente, lutte ou guerre. La « philosophie civile » doit donc instaurer de manière théorique un savoir dont le rôle serait pratique.

Ainsi, Hobbes érige, dans le *Léviathan*, les fondements de la tradition politique moderne, en imaginant le mythe de la souveraineté : conscients de leur condition naturelle et terrifiés par la violence de leurs sentiments, les êtres humains, grâce à leur capacité de désirer et de raisonner, prirent la décision de s'assigner un pouvoir collectif, artificiel, élaboré et mis en œuvre par un individu ou une assemblée.

MISE EN CONTEXTE

L'IDÉE HOBBESIENNE DE PHILOSOPHIE POLITIQUE

Selon Hobbes, **la philosophie politique** représente une partie de la philosophie, c'est-à-dire un ensemble de savoirs qui peut revendiquer le **statut de science**. Elle ne se limite pas à l'exposé de principes à observer pour acquérir ou conserver le pouvoir politique ; en d'autres termes, elle ne constitue pas simplement un art de gouverner. Elle analyse **les causes et les propriétés des États**.

Chercher à connaitre les raisons qui ont conduit à créer des États revient à éclaircir les conditions de leur élaboration, et à **comprendre pourquoi les hommes ont été poussés à vivre en communauté et à fonder un pouvoir politique**. Il s'agit dès lors d'étudier la société politique au départ des individus, de leur droit naturel et des règles contenues dans la loi naturelle. Les travaux de Hobbes s'efforcent de révéler les **fondements du pouvoir souverain et de l'obligation politique**.

> ### BON À SAVOIR
>
> Le concept de droit naturel désigne, chez Hobbes, les « droits » dont l'homme dispose à l'état de nature, sans règles sociales.

La loi naturelle, quant à elle, constitue l'ensemble des règles obligatoires commandées par la raison pour assurer à l'homme une préservation efficace : la quête de la paix, la mise en place d'un contrat social, le respect de la justice – Hobbes résume souvent ces lois dans l'adage « Ne fais pas à autrui ce que tu penses déraisonnable qu'autrui te fasse ».

La pensée politique hobbesienne est surtout connue comme **théorie du contrat social**. En effet, selon le philosophe, l'État ne constitue pas une réalité naturelle, mais plutôt un corps élaboré par les individus à partir d'un pacte ou d'une convention. Ainsi, les hommes acceptent mutuellement de renoncer à un pan de leur liberté et de leur droit naturel et de fonder un pouvoir commun, dans le but d'obtenir la paix et la sécurité.

Aussi la philosophie politique de Hobbes reprend-elle des concepts tels que l'individu, le pouvoir, la souveraineté, l'État, la loi, etc., qui ont été progressivement mis en place du XIVe au début du XVIIe siècle, pour en suggérer des définitions et des déductions purement rationnelles. De cette manière, elle fournit **la forme « canonique » que revêtiront les interrogations politiques modernes**.

LE CONTRAT DANS LES *ELEMENTS OF LAW* ET LE *DE CIVE*

L'objet principal de la philosophie politique de Hobbes est de **définir les conditions qui garantissent une paix stable et durable**. Pour ce faire, selon le philosophe, la collaboration de différents hommes rassemblant leur puissance pour se préserver d'ennemis communs ne saurait suffire. De fait, un simple accord entre individus ne représente pas une réelle alliance. Dès lors, **il est nécessaire que chaque personne, « par convention, s'oblige envers un seul et même homme ou envers un seul et même conseil**, nommé et désigné par tous, à faire ces actions que ledit homme ou que ledit conseil leur commandera de faire, et à ne faire aucune action que cet homme ou ce conseil leur interdira ou leur commandera de ne pas faire » (*Elements of law*, 1, 19, 7).

Dans les *Elements of law* (1640) et le *De cive*, cette « convention » constitue avant tout **un acte d'assujettissement** : les individus soumettent leur volonté à celle d'un tiers qui, en contrepartie, ne prend aucun engagement à leur égard. La personne qui accepte de participer à ce contrat renonce à une partie de son droit naturel sur toute chose **au profit de l'homme ou de l'assemblée, nommé(e) « souverain(e) »** à la majorité des suffrages. Ce transfert de droits implique également que chacun consente à accomplir la volonté du souverain, dans les limites établies par les droits naturels, sans résister et sans refuser son aide ou l'appui de ses moyens. Ce pacte instaurant un pouvoir souverain transforme dès lors les multiples volontés individuelles en **un véritable corps politique**, autrement dit en un État, envisagé comme une seule et même personne. Dans ce contexte, la création d'une société politique, c'est-à-dire l'élaboration d'un contrat social, se révèle être la condition de possibilité indéniable permettant la cohésion d'un peuple.

Toutefois, le pacte de sujétion, tel qu'il apparait dans ces deux textes, semble **insuffisant** à Hobbes pour signifier l'obligation politique et juridique. Dès lors, le philosophe est amené à **transformer en profondeur l'essence et l'apparence du contrat fondateur**. C'est ce qu'il tente de faire dans le *Léviathan*.

LE *LÉVIATHAN* ET LA THÉORIE DE L'AUTORISATION

Le contrat de sujétion tel que le propose Hobbes peut s'énoncer de cette façon : « Un pacte de chacun avec chacun [est passé] comme si chacun disait à chacun : *je concède à cet homme, ou à cette assemblée, mon autorité et mon droit de me gouverner moi-même, à condition que toi aussi tu lui transmettes ton autorité et ton droit de te gouverner* » (chapitre 17, p. 142). Pour que la paix soit envisageable, le pacte contient, avant toute chose, un **transfert de droit au profit du souverain**, donc un renoncement du droit sur toute chose. Ce transfert n'est **pas un simple dessaisissement** puisqu'il apparait dans le cadre d'une convention qui unit les hommes entre eux. Par conséquent, chaque promesse de se soumettre à un tiers dépend non pas de la contrepartie de ce tiers, mais de la promesse identique que tous les autres vont prendre individuellement (**condition réciproque**). Mais ce qu'il y a d'inédit dans cette formulation, c'est **l'apparition d'un acte d'autorisation** qui définit la personne à laquelle les hommes se plient comme étant un représentant.

Aussi, **considérer le souverain comme représentant** parait résoudre en partie le problème de l'obligation qui était apparu précédemment dans les travaux hobbesiens. Tandis que, dans un simple pacte d'assujettissement, l'individu promet à une autre personne de ne pas lui résister et de lui porter assistance, dans un acte d'autorisation, l'obéissance au souverain signifie que l'individu se plie à une personne qui le représente et qui décide, en son nom, de ce qui est indispensable à la paix civile. Se soumettre au souverain consiste donc à **obéir à des ordres ou à des lois dont on se reconnait soi-même l'auteur**.

Dans le chapitre 17 que nous allons analyser ci-dessous, Hobbes donne, en définitive, le modus operandi du contrat qui institue l'État civil. Il dit comment l'individualisme belliqueux peut être transformé pour aboutir à un ordre social pacifié, c'est-à-dire à la garantie d'une individualité privée et d'une citoyenneté disciplinée.

BON À SAVOIR

Monstre issu du bestiaire biblique (*Livre de Job*), **le Léviathan** est le visage hideux que Hobbes veut donner à l'État pour en faire un « Dieu mortel ». L'État est Léviathan parce qu'il est un « homme artificiel », doté d'une « âme artificielle » (la souveraineté), et nettement plus redoutable, mais aussi plus raisonnable que les individus entre eux.

DES CAUSES DE LA GÉNÉRATION ET DE LA DÉFINITION D'UNE RÉPUBLIQUE

À partir de « Pourquoi les hommes, qui par nature aiment la liberté et la domination, ont-ils voulu vivre sous une règle [*ex praescritpo*], comme on le voit dans l'état civil ? La fin et cause en furent le souci de leur conservation et d'une vie plus facile, ce qui veut dire : sortir de cette misérable condition de guerre de tous, qui s'attache nécessairement, à cause des passions humaines, à la liberté naturelle, quand il n'existe pas de puissance visible qui puisse modérer ces passions par la terreur des châtiments, et qui fasse respecter les lois naturelles et les pactes » jusqu'à « L'autre voie, c'est quand des hommes, spontanément, confèrent le pouvoir suprême à un seul homme ou une seule assemblée, dans l'espoir d'être protégés. Cette seconde voie est l'institution de la cité ; la première est l'acquisition de la cité. Je parlerai d'abord de la cité instituée. »

HOBBES (Thomas), *Le Léviathan*, traduction de François Tricaud et de Martine Pécharman, Paris, Vrin, 2005, p. 139-143.

EXPLICATION ET ANALYSE DU TEXTE

L'ÉTAT DE NATURE : « L'HOMME EST UN LOUP POUR L'HOMME »

La philosophie politique de Hobbes s'appuie généralement sur un examen de la nature humaine, c'est-à-dire la façon dont une personne se résout à agir intérieurement, en étroite connexion avec le monde extérieur. Cette anthropologie lui permet de penser l'état de nature.

L'état de pure nature

Hobbes est un des premiers philosophes à introduire **l'idée d'un état de nature**. Ce dernier ne doit pas être entendu comme l'énoncé d'une réalité historique, mais comme **une fiction théorique**. Il n'a bien sûr jamais existé ; il s'agit d'un concept philosophique fécond, d'**une construction de l'esprit qui tend à reconnaitre ce que nous apporte l'existence sociale**. Sa fonction est donc résolument méthodologique.

Il représente **ce que serait l'homme abstraction faite de tout pouvoir politique**, et par conséquent de toute obligation. Hors de l'institution politique, certaines formes de **collaboration minimale** entre des **individus animés par leurs intérêts personnels** peuvent toutefois exister ; mais elles ne sauraient être que provisoires et nécessairement inaptes à leur assurer paix et protection. Ce modèle de sociabilité ne repose pas sur la bonté ni sur quelque inclination naturelle qui instituent l'homme en « animal politique » (au sens où l'entend Aristote), mais se fonde essentiellement sur des motivations égoïstes. Pour Hobbes, **l'homme est une créature portée à jouir de sa liberté**.

De fait, le philosophe rejette le postulat classique selon lequel l'homme est par nature un être politique et social. La vie civile induit des privations qu'il ne lui est pas logique de consentir. Elle est un simple artifice que des individus contraints par la nécessité échafaudent pour solutionner le problème de leur préservation.

Pour Aristote, au contraire, l'homme est fait pour vivre dans la cité. Il déploie son potentiel et atteint sa fin naturelle dans un environnement social et régi à ce titre par des lois et des coutumes. Sans communauté, il est tributaire de ses besoins et soumis à la frénésie de ses impulsions. L'individu est dès lors **conduit à la vie politique aussi naturellement que l'abeille ou la fourmi**. C'est un être de raison appelé à tisser avec les autres des liens d'amitié et de justice.

Chez Hobbes, la concorde ne s'obtient pas par la rencontre spontanée des intérêts communs. Égaux par nature, inégaux dans leurs attentes, **les hommes n'ont aucune prédisposition à vivre en société**. Là où Aristote lit dans le langage une source de rapprochement, Hobbes perçoit l'origine de la discorde. Il en résulte que nous ne sollicitons pas la compagnie des autres par quelque penchant naturel, mais bien pour l'honneur et le bienfait qu'ils nous procurent. À l'appui de son contrepied, Hobbes constate que c'est à cause de l'amour-propre, du plaisir, que l'homme réclame la présence des siens.

Partant, aucune attention favorable, aucune parole, aucune norme partagée ne permet de fonder naturellement la république.

L'égalité

Dans leur condition naturelle, **les hommes sont réciproquement égaux**. Il est tout d'abord question d'une **égalité de fait** dans le sens où, en dépit des dissemblances notables entre les individus, **nul ne détient une autorité naturelle** sur ses semblables du fait de ses aptitudes corporelles ou de ses ressources intellectuelles. Partant, personne n'est obligé de se plier à la volonté d'autrui s'il n'est pas d'accord. La domination ne peut être légitimée par une « hiérarchie naturelle » entre les hommes ; elle est toujours instituée par la médiation d'un pacte. Aussi n'y a-t-il pas, comme le prétend Aristote, de formation naturelle de la cité.

Cette parité entre les hommes se veut également une **égalité de droit**. Dans le contexte particulier de l'état de nature, chacun a la liberté d'entreprendre ce qu'il croit indispensable à la sauvegarde de soi. Quiconque, en tant qu'homme, a **le droit naturel « d'user à son gré de sa puissance en vue de la conservation de sa nature**, et, en conséquence, de faire tout ce qui lui paraîtra tendre à cette fin » (chapitre 14, p. 111). Autrement dit, chacun a la possibilité de s'attribuer les richesses et d'accomplir les actions qu'il juge nécessaires à sa protection, y compris en employant la force. Le droit naturel vient ainsi **légitimer, dans une certaine mesure, l'état de guerre généralisé** en octroyant le droit d'éliminer ceux qui mettent en péril notre existence en s'efforçant par exemple de s'emparer des ressources qui nous semblent

« vitales ».

Par conséquent, **l'état de nature est gouverné par une sorte de crainte et de rivalité**, où chacun s'efforce de protéger sa vie et ses biens contre les agressions de certains. Ainsi, dans un contexte d'incertitude totale des desseins d'autrui, les hommes sont-ils susceptibles d'entrer en conflit les uns avec les autres : par intérêt d'abord, puis par défiance, par fierté surtout. L'état de la « guerre de tous contre tous » dont parle Hobbes serait donc **une conséquence des passions naturelles** – notamment du désir de supériorité et de reconnaissance – qui exaltent tous les hommes. Tout ceci est le résultat non des penchants de certains individus, ni d'une méchanceté spontanée de l'homme, mais seulement du caractère immodéré de la nature humaine.

État de nature = ni société ni sociabilité naturelle = droit naturel absolu de chacun sur toute chose = guerre de tous contre tous

Les lois naturelles

L'état naturel est un état de conflit au sein duquel chaque individu peut recourir à des moyens violents pour se préserver ; dans une telle conjoncture d'hostilité, où **les hommes sont portés à désirer la puissance et la gloire**, l'existence de tous se trouve continuellement menacée. En conséquence, c'est une « règle de la raison » que de souhaiter la paix quand on est assuré de l'atteindre. En effet, ce serait contrevenir aux préceptes de la loi naturelle que de **veiller à sa survie** tout en entretenant une situation conflictuelle. De la même façon, il serait immoral de manœuvrer pour la paix sans la garantie qu'autrui fasse de même.

Cela implique que **la guerre**, en tant que telle, **ne va pas à l'encontre de l'obligation morale** ; il convient d'utiliser la force lorsque cela reste la seule façon de se protéger. De fait, à l'état de nature, c'est davantage la menace que l'autre n'observe pas ses engagements qui incite légitimement à ne pas tenir les siens qu'une animosité naturelle. En revanche, l'individu qui, par ses paroles ou ses actes, entraine des divergences et des affrontements en temps de paix, contredit la loi fondamentale, qui prescrit justement de rechercher la paix.

Autrement dit, **« tant que n'est pas établie entre les hommes une sécurité pour que soit tenue de façon réciproque la loi de nature**, les hommes demeurent **toujours dans l'état de guerre**, chacun conserve son droit sur toutes choses, et rien n'est illicite pour n'importe quel individu qui tend à sa propre sûreté ».

Il faut donc **donner force à ces lois**, forger « l'Épée » qui les fera respecter. Pour Hobbes, la mise à exécution des lois naturelles réclame l'instauration d'un contexte assurant la paix et la sécurité, ce à quoi est supposé servir le **pacte social**.

VERS LA SOCIÉTÉ CIVILE

Dès lors, la réalité politique à laquelle les hommes doivent faire face appelle d'elle-même sa résolution. Il convient de se plier aux lois naturelles, pour autant qu'elles définissent les conditions de paix, et, pour s'en prévaloir et engendrer la soumission, il faut une puissance supérieure à celle des particuliers, qui préserve l'entente mutuelle, et garantit une union propre à éviter le retour des troubles et les invasions. Ce pouvoir ne peut s'obtenir que par **l'union d'une multitude d'individus**, sous une seule volonté et un seul jugement qui les tienne en respect.

Par convention, **chacun s'accorde avec chacun pour se dessaisir de toutes ses prérogatives**, en ce compris l'usage de la force, **au profit d'une personne civile unique** (puissance non contractante conçue de toutes pièces), dépositaire de la somme des pouvoirs individuels et dont la volonté est tenue, en vertu des pactes de plusieurs hommes, pour la volonté de tous.

En outre, pour donner force au pouvoir commun, **chaque citoyen autorise cet homme ou cette assemblée à agir et légiférer en son nom propre, et en témoigne à tous**. L'individu représenté est dès lors réputé **l'auteur des décisions** et des actes entrepris par l'autorité souveraine à laquelle il se soumet. Autrement dit, l'acte d'autorisation maintient, sur fond de pacte social, les volontés individuelles dans **le devoir et l'obéissance** à des commandements qui engagent leur responsabilité. Il élabore pour les individus un droit civil qui s'appuie sur leur droit naturel et retourne aux sujets sous la forme d'obligations assurant l'intersubjectivité et conservant la paix.

À la personne civile instituée par dessaisissement et autorisation, Hobbes confère le nom de **République**, dont l'équivalent latin est le terme *civitas*, compris au sens de « chose publique ».

C'est donc d'un **contrat social**, c'est-à-dire d'**un acte volontaire et juridique**, que nait l'État. La société civile n'est plus une réalité naturelle ou divine, mais un corps créé et **institué de manière artificielle par les hommes** (*Dieu mortel*) à partir d'un pacte ou d'une convention, que Hobbes baptise *Léviathan*, du nom d'un monstre biblique vainqueur du chaos. Ainsi, le souverain hobbesien ne puise son bienfondé ni du savoir ni de Dieu mais de chaque sujet qui constitue le peuple. Le Léviathan est, en définitive, un dieu terrestre créé par les hommes pour accomplir les fins du droit naturel.

Pacte social = cession réciproque de droits à un tiers représentant les volontés de chacun = union de tous en une personne civile unique = institution du Léviathan

AUTORITÉ ET SOUVERAINETÉ

Une souveraineté absolue et indivisible

Pour Hobbes, ce qui compromet la sureté civile et le salut du peuple, c'est surtout l'inexistence d'un pouvoir souverain indivisible. Ainsi, **tous les droits inhérents à la souveraineté doivent être parfaitement inaliénables** ; le pouvoir de faire des lois, de les promulguer, de les amender ou de les abroger ne peut être transféré. Le chef de l'État n'est pas autorisé à céder l'une de ces compétences à autrui. Du reste, les agents nommés pour le représenter lui sont subordonnés.

Hobbes refuse vigoureusement le principe de **séparation des pouvoirs** ou l'idée d'un gouvernement mixte, qui se révèlerait **inconciliable avec** l'objectif premier de la

République, à savoir **le maintien de la paix et de la sécurité**. Segmenter la souveraineté signifie élire plusieurs souverains et donc reconsidérer l'unité du corps politique ; or c'est l'unité du représentant qui assure l'équilibre de la société politique (nécessaire à la conservation).

À ses yeux, **la souveraineté** comporte également une **valeur absolue**, dans la mesure où l'autorité ne peut être assujettie aux normes qu'elle institue, ni subordonnée à quelque coutume ancestrale. Par ailleurs, le souverain ne doit satisfaire **aucun engagement vis-à-vis des sujets** qu'il régit, puisqu'aucune convention mutuelle n'astreint le gouvernant et les gouvernés. Nul différend ne pourra surgir, aucune des décisions du souverain ne pourra être tenue pour inefficace ou illégitime par les sujets.

Toutefois, la dimension absolue et indivisible de la souveraineté n'induit **pas** automatiquement l'existence d'**un État dont la puissance serait insensée**. En effet, que le souverain ne contracte aucune promesse auprès des sujets et qu'il ne doive pas se conformer aux lois civiles n'implique pas que l'exercice du pouvoir relève de ses envies subites et passagères. Comme tout le monde, **le souverain n'échappe pas aux lois naturelles qui exigent certaines « obligations »** basées sur la droite raison. Dès lors, il se doit d'assurer la sécurité du peuple et l'épanouissement de la communauté.

Souveraineté par institution et souveraineté par acquisition

Quand il expose ses vues sur la souveraineté politique, Hobbes traite essentiellement des **Républiques d'*institu-***

tion, c'est-à-dire des sociétés politiques fondées sur une **convention de chacun avec chacun**, comme précisé plus haut. Ce pacte met en jeu le passage d'une multiplicité de personnes naturelles en conflit à une société politique au sein de laquelle le souverain détient un pouvoir absolu.

Mais Hobbes souligne que la souveraineté peut être obtenue d'une autre façon. Ainsi, quand une personne dispose d'une autorité suffisante pour régner sur des êtres humains (lorsque l'on gagne la guerre, par exemple), ces derniers, par peur de mourir ou d'aller en prison, acceptent par convention d'obéir à cette personne. La **souveraineté** est alors **acquise par l'accord du plus faible** ; ce dernier permet tous les actes du plus fort, lui abandonnant sa vie et sa liberté. L'autorité souveraine provient donc d'un pacte non réciproque, institué dans le cadre d'un **déséquilibre des pouvoirs**. D'une part, le plus fort consent à garder le plus faible en vie, d'autre part, le plus faible accepte d'abandonner sa volonté au plus fort et de lui reconnaitre une certaine puissance.

Monarchie absolue

Hobbes reconnait **plusieurs régimes politiques** (monarchie, démocratie, aristocratie), mais ne dissimule pas son inclination pour **la monarchie**, qu'il considère comme **le régime le plus efficace**.

Dans la monarchie, la fortune et la grandeur du roi procèdent étroitement de la puissance du royaume : **les intérêts particuliers du gouvernement coïncident avec l'intérêt public** (ce qui l'éloigne de la corruption). Ensuite, parce qu'**elle centralise tout le pouvoir** dans les mains d'un seul homme ou d'une seule congrégation, la monarchie assure un plus vaste équilibre. Du reste, la législation change moins souvent quand elle est instaurée par une personne unique que lorsqu'elle est soumise à la volonté de tous, garantissant une plus large conformité à l'ordre juridique. Partant, la monarchie **préserverait la société de la destruction et de la guerre civile**, pourvu que le chef s'emploie à empêcher que ne se répandent les idées subversives.

La monarchie absolue compte bien sûr certaines failles, mais malgré ses dérives éventuelles, elle serait plus propice à assurer une paix durable que les autres formes de gouvernement. Quoi qu'il en soit, la présence d'un tel régime mérite d'être préférée à l'état de nature.

CONCLUSION

L'homme est présenté, dans *Le Léviathan*, comme naturellement porté à désirer ce qui lui plait. Aussi, dans un tel **contexte de rivalité**, la raison commande d'obtenir une garantie suffisante et d'instituer un pouvoir assez fort pour rendre opérantes les lois naturelles qui ont pour fin la paix. Pour s'affranchir du désordre primitif et pour résoudre l'état de mort produit par l'égalité naturelle, **les hommes inventent un artifice**.

Par un **consentement réciproque**, les particuliers s'obligent entre eux et cèdent leur droit (en vertu d'une clause d'autorisation) à la faveur d'un **représentant unique**, dépositaire de l'autorité de tous, qui s'engage à veiller sur la sécurité et l'utilité commune. De ce pacte social, de ce transfert opéré par chaque individu, de cette subordination de tous à une même domination, émane un corps politique, une personne civile : **la République (ou Léviathan)**.

Réfutée par les forces libérales et démocratiques, **la philosophie de Hobbes a toutefois imprégné la pensée politique moderne et contemporaine**. Le concept de souveraineté comme puissance indivisible et absolue ressurgit chez Rousseau (1712-1778) ; d'après l'interprétation de Leo Strauss (1899-1973), les règles individualistes à l'origine de la théorie hobbesienne du droit naturel se reflètent dans certains idéaux des sociétés libérales ; chez divers théoriciens modernes, on retrouve sa conception laïque de l'État et l'affirmation que l'humanité de l'homme ne provient pas d'un don de Dieu mais que l'être humain ne devient personne morale qu'à la suite de son association avec d'autres individus, soit par le biais de l'organisme moral que représente l'État.

Enfin, par son idée de la liberté, par sa théorie rationnelle des lois naturelles, par son modèle contractualiste, ou par sa conception de la représentation juridique, Hobbes demeure une **référence incontournable de la philosophie du XVIIᵉ siècle**.

Votre avis nous intéresse !
Laissez un commentaire sur le site de votre librairie en ligne
et partagez vos coups de cœur sur les réseaux sociaux !

POUR ALLER PLUS LOIN

- *Alpha Encyclopédie. La grande encyclopédie universelle en couleurs*, Paris, Grange Batelière, 1970 tome 2.
- BÉAL (Christophe), *Hobbes pas à pas*, Paris, Ellipses, 2010.
- CLÉMENT (Élisabeth) *et alii*, *La philosophie de A à Z*, Paris, Hatier, 1994.
- HOBBES (Thomas), *Le Léviathan*, traduction de François Tricaud et de Martine Pécharman, Paris, Vrin, 2004.
- MALHERBE (Michel), *Hobbes ou l'œuvre de la raison*, Paris, Vrin, 2000.
- MILANESE (Arnaud), *Personnalité et autorité politique. Le Léviathan (I, 16 et II, 17). Thomas Hobbes*, Paris, Ellipses, 2006.
- Patrimoine littéraire européen. Anthologie en langue française. Volume 8. *Avènement de l'équilibre européen. 1616-1720*, sous la direction de Jean-Claude Polet, Bruxelles, De Boeck, 1997.
- ZARKA (Yves Charles), *Hobbes et la pensée politique moderne*, Paris, PUF, 1995.

Rendez-vous sur lepetitphilosophe.fr et découvrez :

Plus de 1200 analyses
Claires et synthétiques
Téléchargeables en 30 secondes
À imprimer chez soi

ISBN version numérique : 9782806245618
ISBN version papier : 9782806246011
Dépôt légal : D/2017/12603/543

Conception numérique : Primento,
le partenaire numérique des éditeurs.